www.ingramcontent.com/pod-product-compliance
Lightning Source LLC
Chambersburg PA
CBHW072151170526
45158CB00004BA/1603
9781078019644